DANIEL SIQUEIRA
Organizador

Novena à Divina Misericórdia

EDITORA
SANTUÁRIO

Direção editorial:	Pe. Fábio Evaristo R. Silva, C.Ss.R.
Coordenação editorial:	Ana Lúcia de Castro Leite
Copidesque:	Cristina Nunes
Revisão:	Luana Galvão
Diagramação e Capa:	Mauricio Pereira

Textos bíblicos extraídos da *Bíblia de Aparecida*, Editora Santuário, 2006.

ISBN 978-85-369-0471-9

4ª impressão

Todos os direitos reservados à **EDITORA SANTUÁRIO** – 2025

Rua Pe. Claro Monteiro, 342 – 12570-045 – Aparecida-SP
Tel.: 12 3104-2000 – Televendas: 0800 016 00 04
www.editorasantuario.com.br
vendas@editorasantuario.com.br

Devoção à Divina Misericórdia

A devoção à Divina Misericórdia surgiu a partir das experiências místicas da religiosa Irmã Faustina Kowalska, propagando-se, posteriormente, pelo mundo inteiro. Faustina Kowalska nasceu na Polônia em 1905, no seio de uma família camponesa. Era a terceira de uma família de 10 filhos. Sua família era muito pobre, por isso ela estudou apenas três anos. Aos 16 anos, deixou a casa paterna para trabalhar como empregada doméstica, a fim de sustentar-se e ajudar a família financeiramente. Tinha o desejo de ser religiosa, mas seus pais não concordavam com essa ideia. Após viver uma experiência mística em uma festa, em que teve a visão de Jesus todo chagado e desfigurado chamando-a, decidiu ir para Varsóvia. Em meio a muitas dificuldades, ingressou no convento das Irmãs de Nossa Senhora da Divina Misericórdia, onde professou seus votos em 1928.

No período em que residiu no convento de Plock, teve uma experiência mística em seu quarto: Jesus lhe apareceu vestido de branco e do peito dele emanavam feixes de luzes vermelhos e brancos. Essa foi a primeira de uma série de experiências místicas que a religiosa teve com Jesus, que a instruiu para que desse a conhecer ao mundo a devoção a sua Divina Misericórdia. Todas essas instruções estão em um diário que Irmã Faustina escreveu. Nele estão anotados, segundo a religiosa, os meios e as formas de se viver a Divina Misericórdia, que consistem, primordialmente, na participação nos sacramentos da Reconciliação e da Eucaristia, seguidos da devoção à representação iconográfica da Divina Misericórdia (Quadro de Jesus Misericordioso), a Novena da Divina Misericórdia, o terço da Divina Misericórdia, que deve ser às 15h, em desagravo pela morte de Jesus, e a comemoração do Domingo da Divina Misericórdia, no segundo domingo após a Páscoa.

Irmã Faustina teve várias experiências místicas que estão escritas em seu diário. A religiosa faleceu em 1938, aos 33 anos. Logo após sua morte, o arcebispo de Varsóvia autorizou o culto à Divina Misericórdia. O diário e os demais escritos de Faustina foram enviados para serem analisados pelo Vaticano. A devoção acabou por popularizar-se em toda Polônia. Em 1959 essa devoção, por erro de interpretação, acabou por ser suspensa, e o diário de

Faustina foi colocado entre os livros proibidos. Entretanto, em 1965, o então arcebispo de Cracóvia, Karol Wojtyla, futuro Papa João Paulo II, hoje São João Paulo II, reabriu o processo sobre as visões de Irmã Faustina, dando novas luzes a essa devoção.

No ano de 1978, um decreto do Vaticano reabilitou a devoção à Divina Misericórdia. Irmã Faustina foi beatificada em 1993 e em 2000 foi canonizada pelo Papa São João Paulo II, quando também foi promulgado o decreto que estabeleceu o segundo domingo de Páscoa como o Domingo da Divina Misericórdia. Rezemos pedindo para que possamos colher os frutos da Divina Misericórdia de Deus em nossas vidas.

Oração inicial

Ó Deus de inesgotável misericórdia, eu me coloco diante de vós, iniciando este meu momento de oração. Por isso invoco o vosso nome rezando:

Em nome do Pai † do Filho e do Espírito Santo. Amém.

"Ó Jesus, estendido na cruz, suplico-vos: concedei-me a graça de sempre, em toda parte e em tudo, cumprir fielmente a Santíssima vontade de Vosso Pai. E, quando essa vontade de Deus me parecer penosa e difícil de cumprir, então, suplico-vos, Jesus, que de vossas Chagas desçam para mim força e vigor e que a minha boca repita: Seja feita a vossa vontade, Senhor. Jesus, cheio de compaixão, concedei-me a graça de me esquecer de mim mesmo, a fim de viver inteiramente para as almas, ajudando-vos na obra da salvação, segundo a santíssima vontade de vosso Pai..." Amém.

Oração final

No final desta novena, quero novamente dirigir-me a vós, Deus de eterna misericórdia, rogando por todas as pessoas que amo, rogando por todos os necessitados e sofredores. Peço-vos ainda por todos os pecadores para que se convertam e sintam vossa infinita misericórdia em suas vidas. Dirijo-me a vós, Pai de bondade, rezando:
Pai nosso, que estais nos céus...

Possa valer-me ainda a intercessão de Maria, a mãe de misericórdia:
Salve, Rainha, mãe de misericórdia...

Oração de Santa Faustina

"Ó Deus de grande misericórdia, bondade infinita, eis que hoje a humanidade toda clama, do abismo da sua miséria, a vossa misericórdia, a vossa compaixão e clama com a potente voz da sua miséria. Ó Deus clemente, não rejeiteis a oração dos exilados desta terra. Ó Senhor, bondade inconcebível, que conheceis profundamente a nossa miséria e sabeis que, com nossas próprias forças, não temos condições de nos elevar até vós, por isso vos suplicamos: adiantai-vos ao nosso pedido com a vossa graça e aumentai em nós sem cessar a vossa misericórdia, a fim de que possamos cumprir fielmente a vossa santa vontade, durante toda a nossa vida e na hora de nossa morte. Que o poder da vossa misericórdia nos defenda dos ataques dos inimigos da nossa salvação, para que aguardemos com confiança, como vossos filhos, a vossa vinda última, dia que somente vós conheceis..."

Que possa abençoar-me o Deus todo misericordioso. Em nome do Pai † do Filho e do Espírito Santo. Amém.

1º Dia

A Divina Misericórdia e a miséria humana

1. Oração inicial *(p. 6)*

2. Palavra de Deus *(Sl 143,3-11)*

Senhor, quem é o homem para que o leveis em conta, ou o filho do homem para que nele penseis? O ser humano é como um sopro; seus dias, uma sombra que passa. Senhor, inclinai vossos céus e descei, tocai os montes e eles fumegarão. Lançai os raios e dispersai os inimigos, disparai vossas flechas e afugentai-os. Estendei do alto vossa mão, libertai-me e salvai-me das águas caudalosas, da mão dos estrangeiros. A boca deles fala mentiras, e sua mão direita jura falso. Um cântico novo, ó Deus, eu vos cantarei, tocarei para vós a harpa de dez cordas; para vós, que dais a vitória aos reis, que salvais Davi, vosso servo, da espada cruel. Salvai-me e livrai-me da mão dos estrangeiros; cuja boca fala mentiras e cuja mão direita jura falso.

– Palavra do Senhor!

3. Refletindo a Palavra

O ser humano foi criado à imagem e semelhança de Deus. Ele soprou em suas narinas o seu próprio ar e lhe deu a vida. Assim, o homem e a mulher são a obra-prima da criação divina, e Deus desejou que o ser humano permanecesse sempre na sua presença. No entanto, a humanidade, em seu desejo de grandeza e autossuficiência, acabou por mergulhar no pecado e por afastar-se dele. Longe de Deus são vãos os sonhos e os desejos humanos, tudo se torna ilusão e devaneio de almas que se afundam em suas próprias misérias. Mas Deus, em seu infinito amor e em sua misericórdia, jamais se esqueceu do ser humano e sempre desejou que ele retornasse à sua presença.

4. Súplica à Divina Misericórdia

Ó Divina Misericórdia, a vós, agora, dirijo-me pedindo, neste primeiro dia da minha novena, por toda a humanidade, especialmente por aqueles que ainda não vos conhecem e continuam mergulhados no pecado, que leva à perdição e à morte. Peço também por mim, para que cada vez mais eu possa estar em vossa presença misericordiosa. Amém.

5. Oração final *(p. 7)*

2º Dia

Divina Misericórdia, salvação dos pecadores

1. Oração inicial *(p. 6)*

2. Palavra de Deus *(1Tm 1,12-17)*

Dou graças àquele que me deu forças, a nosso Senhor Jesus Cristo, porque me julgou digno de confiança, a ponto de chamar-me para seu serviço. Confiou em mim, que antes tinha sido blasfemo, perseguidor e violento. Mas usou de misericórdia para comigo, porque eu fazia isso por ignorância e ainda não tinha fé. Assim, a graça de nosso Senhor transbordou em mim com a fé e o amor que está em Cristo Jesus. Esta é uma palavra digna de fé e de inteira aceitação: Cristo Jesus veio ao mundo para salvar os pecadores, dos quais eu sou o primeiro. Mas se encontrei misericórdia, foi para que em mim Jesus Cristo manifestasse, por primeiro, toda a sua bondade, como exemplo para os que deviam crer nele para alcançarem a vida eterna. Ao Rei dos séculos, incorruptível, invisível e único Deus, honra e glória pelos séculos dos séculos! Amém.

– Palavra do Senhor!

3. Refletindo a Palavra

Mesmo quando o ser humano se afastou da presença de Ele, o Criador jamais o abandonou à sua própria sorte. Ele, em sua infinita misericórdia, sempre desejou que o homem e a mulher retornassem a Ele. Assim, no decorrer da história da salvação, Deus manifestou provas dessa sua infinita misericórdia, principalmente por meio dos prodígios que realizou junto de seu povo escolhido, na aliança que com ele firmou no deserto, socorrendo-o em seus momentos de sofrimento, sobretudo por meio dos profetas. O pecado afastou o ser humano de Deus, mas o Pai jamais se esqueceu de sua criatura. Sua misericórdia é infinita. Mas, para experimentá-la, é preciso que a humanidade se arrependa de suas ações, reveja a sua conduta, converta-se e tenha fé no amor de Deus.

4. Súplica à Divina Misericórdia

Ó Divina Misericórdia, sinal inegável do infinito amor de Deus pelo ser humano, dai-me a graça de viver um constante processo de conversão, que me faça cada dia mais conformar minha vida à vossa vontade. Que eu possa permanecer sempre em vossa presença, reconhecendo e retribuindo o vosso amor. Ajudai-me a ser um sinal de vossa misericórdia para aqueles que ainda estão mergulhados no pecado e nas trevas. Amém.

5. Oração final *(p. 7)*

3º Dia

Divina Misericórdia, Deus, que se fez homem

1. Oração inicial *(p. 6)*

2. Palavra de Deus *(Gl 4,1-7)*

Eis o que penso: por todo o tempo da menoridade, o herdeiro, embora proprietário de todos os bens, em nada difere de um escravo, mas está sob a guarda dos tutores e curadores até a data marcada pelo pai. Também nós, quando menores, estávamos sob o domínio dos elementos do mundo. Mas quando chegou a plenitude dos tempos, Deus enviou seu Filho, nascido de uma mulher, nascido sujeito à lei, para resgatar os que estavam sujeitos à lei, a fim de recebermos a adoção filial. E, porque sois filhos, Deus enviou para nossos corações o Espírito de seu Filho, que clama: "Abbá!" Papai! Assim, já não és escravo, mas filho; e, se és filho, és também herdeiro pela vontade de Deus.

– Palavra do Senhor!

3. Refletindo a Palavra

Por intermédio de Adão, o pecado e a morte entraram no mundo, mas Deus jamais abandonou o ser humano. Ele sempre suscitou pessoas que, por meio do anúncio profético, alertavam e denunciavam a má conduta do povo. E, na plenitude dos tempos, Deus enviou seu próprio filho ao mundo. Ele nasceu de uma mulher e viveu em tudo a condição humana, menos o pecado. A vinda de Jesus ao mundo representa a maior prova do amor de Deus por nós. Em Jesus, concretiza-se a promessa de salvação anunciada por Deus por meio dos profetas. A misericórdia divina tem muitas faces e, em Jesus, sua mais perfeita expressão.

4. Súplica à Divina Misericórdia

Ó Divina Misericórdia, em vós temos a maior prova de vosso amor pela humanidade. Por isso, peço vossa força, para que cada dia mais eu possa continuar sendo fiel à fé que um dia professei. Quero também rezar por todos aqueles que dedicam a sua vida ao anúncio da boa-nova, trazida por Jesus, que pregam o Evangelho pelo mundo inteiro. Rezo ainda por todos os meus irmãos cristãos que sofrem perseguição por professar sua fé em Jesus. Amém.

5. Oração final *(p. 7)*

4º Dia

Divina Misericórdia, amor de Deus no mundo

1. Oração inicial *(p. 6)*

2. Palavra de Deus *(Lc 15,1-7)*
Aproximavam-se de Jesus todos os publicanos e pecadores para ouvi-lo. Os fariseus e os escribas o criticavam dizendo: "Este homem acolhe os pecadores e come com eles". Jesus contou-lhes, então, esta parábola: "Quem de vós, se tiver cem ovelhas e perder uma delas, não deixa as noventa e nove no deserto, para ir procurar a ovelha perdida até encontrá-la? E, achando-a, coloca-a sobre os ombros, cheio de alegria, e, voltando para casa, convida os amigos e os vizinhos, dizendo-lhes: 'Alegrai-vos comigo, porque encontrei minha ovelha que estava perdida'. Eu vos digo: assim também haverá maior alegria no céu por um só pecador que se converte do que por noventa e nove justos que não precisam de conversão".

– Palavra da Salvação!

3. Refletindo a Palavra

Em sua pregação, Jesus sempre enfatizava o amor misericordioso do Pai pela humanidade: essa é a principal lição que o mestre transmitiu a seus discípulos. Jesus foi ao encontro daqueles que, segundo a visão religiosa de seu tempo, estavam já perdidos ou condenados, para acolhê-los com alegria, revelando-lhes que o amor de Deus é infinito e que sua misericórdia não se esgota jamais. Todo cristão precisa despertar-se continuamente para a misericórdia de Deus em sua vida. Para experimentarmos a graça da Misericórdia Divina, faz-se necessário o sincero arrependimento pelos nossos pecados, mostrando-nos dispostos a mudar de vida se preciso for.

4. Súplica à Divina Misericórdia

Ó Divina Misericórdia, que por nós tendes um imenso amor, quero, especialmente hoje, pedir-vos que a cada dia eu tenha a sensibilidade e o coração aberto para vos acolher. Tenho necessidade da vossa força, pois sem vós nada posso alcançar. Quero a cada dia sentir vossa misericórdia e quero também ser sinal dela para as pessoas a minha volta: que todos possam vos reconhecer em minhas palavras e atitudes. Amém.

5. Oração final *(p. 7)*

5º Dia

Divina Misericórdia, amor inesgotável

1. Oração inicial *(p. 6)*

2. Palavra de Deus *(Mc 15,33-39)*

À hora sexta, a escuridão cobriu toda a terra, até a hora nona. À hora nona, Jesus gritou com voz forte: "Eloí, Eloí, lema sabachtani?" Isto quer dizer: "Meu Deus, meu Deus, por que me abandonastes?" Alguns dos circunstantes, ouvindo-o, disseram: "Ele está chamando Elias!" Alguém correu a embeber de vinagre uma esponja e, colocando-a na ponta de uma vara, oferecia-lhe para beber, dizendo: "Esperai, vamos ver se Elias vem descê-lo!" Jesus então, dando um grande grito, expirou. A cortina do templo rasgou-se de alto a baixo em duas partes. O centurião que estava diante dele, vendo como havia expirado, disse: "Na verdade, este homem era filho de Deus!"

– Palavra da Salvação!

3. Refletindo a Palavra

O maior sinal do amor de Deus pela humanidade está presente no sacrifício de Jesus na cruz. Sua Paixão e sua Morte na cruz são a prova definitiva do infinito amor do criador por nós. Se pela falta de Adão o pecado entra no mundo, pela entrega de Jesus na cruz a humanidade toda é resgatada da morte. Com a Ressurreição de Jesus também o ser humano recebe vida nova, podendo, assim, estar eternamente na presença de Deus. Toda humanidade é redimida em Jesus, tornando-se chamada a viver plenamente em Deus. Diante dessa extraordinária graça oferecida por Ele à humanidade, nossa resposta não pode ser outra senão uma resposta de amor. Porque somos amados por Deus, somos igualmente chamados a manifestar a sua misericórdia às pessoas que estão a nossa volta.

4. Súplica à Divina Misericórdia

Ó Divina Misericórdia, bondade infinita, quero hoje agradecer o vosso imenso amor por mim. Mesmo diante de minhas faltas e de minhas fragilidades, vós jamais me abandonais, permanecendo sempre junto de mim. Quero pedir perdão por todas as vezes em que não fui digno deste vosso imenso amor e deixei-me guiar pelo egoísmo e pelo meu orgulho. Quero permanecer sempre convosco, acolhendo sempre vosso amor e vossa misericórdia. Amém.

5. Oração final *(p. 7)*

6º Dia

Divina Misericórdia, alimento para alma

1. Oração inicial *(p. 6)*

2. Palavra de Deus *(Mt 26,26-29)*

Enquanto comiam, Jesus tomou um pão, pronunciou a bênção, partiu-o e deu-o aos discípulos, dizendo: "Tomai e comei, isto é meu corpo". Depois tomou um cálice, deu graças e passou-o a eles, dizendo: "Bebei dele todos, pois este é meu sangue, o sangue da aliança, que é derramado por muitos para a remissão dos pecados. Eu vos digo: não beberei mais deste fruto da videira, até o dia em que o beber convosco, de novo, no Reino de meu Pai".

– Palavra da Salvação!

3. Refletindo a Palavra

Jesus, o filho amado do Pai, passou por este mundo fazendo o bem, pregando o imenso amor e a imensa misericórdia de Deus pela humanidade. Jesus quis permanecer junto dos seus, por isso, durante a última ceia, reunido com os discípulos, Ele realizou algo que marcaria para sempre as suas vidas. Tomou o pão e o vinho, ali presentes, e os transformou em sua própria carne e em seu próprio sangue. Todas as vezes que fazemos o mesmo gesto, Jesus torna-se novamente presente. A Eucaristia é a presença real de Cristo junto da humanidade: Ele voltou para o Pai, mas na hóstia consagrada o mestre permanece junto aos seus, sendo a força que alimenta a todos em sua jornada de ser sal, luz e sinal da infinita misericórdia do Pai. Aproximar-se de Jesus, presente na eucaristia, é estar diante da inesgotável fonte de amor e misericórdia, que se derramam sobre todos aqueles que o procuram de coração sincero.

4. Súplica à Divina a Misericórdia

Ó Divina Misericórdia, vós que sois amor infinito, quero hoje me colocar em vossa presença, pedindo perdão pelas vezes em que não fui vos visitar no sacrário e não vos reconheci presente no meu próximo. Quero pedir por aqueles que não acreditam em vossa presença real na eucaristia e ainda não conhecem o imenso manancial de amor e misericórdia, que sois. Peço sempre a vossa força e proteção para que eu nunca me afaste de vós. Amém.

5. Oração final *(p. 7)*

7º Dia

A Divina Misericórdia e o Espírito consolador

1. Oração inicial *(p. 6)*

2. Palavra de Deus *(At 2,1-4)*

Ao chegar o dia de Pentecostes, todos estavam reunidos no mesmo lugar. De repente, veio do céu um ruído semelhante ao de uma forte ventania e encheu toda a casa onde estavam. E apareceram-lhes línguas como de fogo, que se repartiam, pousando sobre cada um deles. Todos ficaram cheios do Espírito Santo e começaram a falar em outras línguas, conforme o Espírito concedia a eles se expressarem.

– Palavra do Senhor!

3. Refletindo a Palavra

Jesus é a plenitude da salvação, que o Pai de Divina Misericórdia oferece à humanidade. O mestre de Nazaré passou por este mundo fazendo o bem, pregando o Reino de Deus e falando do amor infinito do Pai pelo homem e pela mulher. Ao voltar para o Pai, Jesus não deixou sozinhos os seus, que tanto amava. Enviou-lhes o Espírito Santo, para que pudessem, movidos por sua força, ser anunciadores de tudo aquilo que ele havia ensinado. O Espírito Santo é a força que vem do Pai e do Filho; força que impulsiona e move o cristão em sua caminhada como peregrino neste mundo.

4. Súplica à Divina Misericórdia

Ó Divina Misericórdia, Trindade Santa, que abraçais toda a humanidade, diante de vós, hoje, coloco-me pedindo vossa força. Quero ser uma pessoa cheia do Espírito Santo e fazer frutificar todos os seus dons em minha vida. Que o Espírito Santo, que recebi no meu batismo e que me foi confirmado na crisma, seja a força em minha caminhada na vida cristã de comunidade. Amém.

5. Oração final *(p. 7)*

8º Dia

Divina Misericórdia, amparo nas tribulações

1. Oração inicial *(p. 6)*

2. Palavra de Deus *(Rm 5,1-5)*

Agora que Deus nos tornou justos por meio da fé, estamos em paz com Deus por obra de nosso Senhor Jesus Cristo, por meio do qual obtivemos pela fé o acesso a esta graça, na qual estamos firmes, e nos orgulhamos da esperança de alcançarmos a glória de Deus. Mais ainda: nós nos orgulhamos até dos sofrimentos, sabendo que o sofrimento produz firmeza; a firmeza traz a aprovação de Deus; e esta aprovação faz nascer a esperança; e a esperança não decepciona, porque o amor de Deus foi derramado em nossos corações pelo Espírito Santo, que ele nos deu.

– Palavra do Senhor!

3. Refletindo a Palavra

Muitas vezes, sobretudo nas situações difíceis e de grande sofrimento, existe a grande tentação de abandonarmos a fé ou de nos sentirmos abandonados por Deus. Esse é um sentimento experimentado por muitos cristãos que enfrentam algum momento doloroso em suas vidas. Manter-se firme na fé e ter a esperança de que, por mais difícil que seja a realidade, a Misericórdia de Deus é maior do que tudo deve ser um elemento concreto na vida do cristão. Confiar em Deus, ter fé e acreditar na presença misericordiosa da Trindade Santa, em todos os momentos de nossa vida, mesmo nos momentos mais difíceis, é uma das mensagens mais importantes da Divina Misericórdia à humanidade.

4. Súplica à Divina Misericórdia

Ó Divina Misericórdia, hoje quero pedir perdão pelas vezes em que fraquejei em minha fé e duvidei de sua presença em minha vida. Quero também pedir por aqueles que, nas situações adversas da vida, acabaram por perder a sua fé e deixaram de acreditar em vosso amor para com a humanidade. Que vós possais tocar o coração dessas pessoas, ajudando-as a vos encontrar e a redescobrir o vosso amor. Amém.

5. Oração final *(p. 7)*

9º Dia

Maria, Mãe da Divina Misericórdia

1. Oração inicial *(p. 6)*

2. Palavra de Deus *(Jo 2,1-11)*

No terceiro dia, houve uma festa de casamento em Caná da Galileia e lá se encontrava a mãe de Jesus. Também Jesus foi convidado para a festa junto com seus discípulos. Faltando o vinho, a mãe de Jesus lhe disse: "Eles não têm mais vinho". Respondeu-lhe Jesus: "Mulher, que importa isso a mim e a ti? Minha hora ainda não chegou". Sua mãe disse aos serventes: "Fazei tudo o que ele vos disser". Havia lá seis talhas de pedra, destinadas às purificações dos judeus. Cada uma delas podia conter cerca de dois ou três barris. Disse Jesus aos serventes: "Enchei de água as talhas". Eles as encheram até a boca. Disse-lhes então: "Tirai agora e levai ao mestre-sala". Eles levaram. O mestre-sala provou a água, transformada em vinho, e não sabia donde viera aquele vinho, embora o soubessem os serventes que haviam tirado a água; chamou então o noivo e disse-lhe: "Todo mundo serve primeiro o bom vinho e, quando os convidados já tiverem bebido muito, serve o vinho inferior. Tu, porém, guardaste até agora o vinho bom..." Deste modo iniciou Jesus, em Caná da Galileia, os seus sinais. Manifestou sua glória, e seus discípulos começaram a crer nele. Depois disso desceu a Cafarnaum com sua mãe, seus irmãos e seus discípulos. Lá permaneceram poucos dias.

– Palavra da Salvação!

3. Refletindo a Palavra

O milagre das Bodas de Caná marca o início da vida pública de Jesus. Nessa passagem, é marcante também a presença de Maria, a mãe de Jesus. Foi ela quem percebeu a falta de vinho na festa: chegou a interceder pelos noivos, pedindo que Jesus fizesse algo por eles. Maria, desde o início do cristianismo, foi aclamada como mãe de Misericórdia, aquela que intercede junto a Jesus por seus filhos que estão padecendo no vale de lágrimas, que é este mundo. Maria é a Mãe da Misericórdia, o socorro dos pecadores que a ela recorrem em seus sofrimentos e necessidades.

4. Súplica à Divina Misericórdia

Ó Divina Misericórdia, hoje quero vos agradecer por nos conceder Maria como nossa advogada e por torná-la nossa Mãe de Misericórdia. Que por sua intercessão, sobretudo nos momentos mais difíceis de minha vida, eu possa sentir-me amparado e consolado.

Ó Mãe, fortalecei-me e acolhei-me em vosso colo. Quero, por meio de vossa intercessão materna, encontrar a infinita misericórdia que vosso Filho veio nos oferecer. Rogai por nós Santa Mãe de Deus, para que sejamos dignos das promessas de Cristo. Amém.

5. Oração final *(p. 7)*

Índice

Devoção à Divina Misericórdia 3
Oração inicial 6
Oração final 7
Oração de Santa Faustina 8

1º dia: A Divina Misericórdia
e a miséria humana 9
2º dia: Divina Misericórdia,
salvação dos pecadores 11
3º dia: Divina Misericórdia,
Deus, que se fez homem... 14
4º dia: Divina Misericórdia,
amor de Deus no mundo 16
5º dia: Divina Misericórdia,
amor inesgotável 18
6º dia: Divina Misericórdia,
alimento para alma 21
7º dia: A Divina Misericórdia
e o Espírito consolador 24
8º dia: Divina Misericórdia,
amparo nas tribulações 26
9º dia: Maria, Mãe da Divina Misericórdia 29